F.K. Waechter

Wahrscheinlich guckt wieder kein Schwein

F. K. Waechter

Wahrscheinlich guckt wieder kein Schwein

DIOGENES

Die Erstausgabe erschien 1978 im Diogenes Verlag.
Covermotiv: Illustration von F.K. Waechter

Diogenes Verlag AG Zürich
info@diogenes.ch · www.diogenes.ch
In Fragen zur Produktsicherheit (GPSR):
truepages UG (haftungsbeschränkt)
Westermühlstraße 29, 80469 München
info@truepages.de
20/25/69/2
ISBN 978 3 257 02118 9

„Großartig, aber warum macht er das nachts, wo's kaum ein Mensch mitkriegt?" „Alles nur für seinen Herrgott."

Ich liebe das Leben
Was ist los?
Ja, ich weiß, daß meine Ansicht heute recht unpopulär ist, aber ich liebe nun mal das Leben und ich wäre der letzte,
ist ja grauenhaft
..der in stumpfer Borniertheit das Schöne im Leben nicht wahrhaben wollte. Ich

Aufhören!

auch wenn es manchen Leuten nicht paßt, ich werde es immer wieder betonen:

Ich liebe das Leben

Die Schale ist hart, aber innen sind sie weich und lecker.

„Eigentlich sollte ich mich freuen – Drittbester im Brummen – aber trotzdem – –"

Zugegeben, dein Schwanz ist länger...

...aber ich kann ihn bauschen!

Kann ich auch

Wie der Hammerverein aus Münster dem kleinen Thomas eine tüchtige Abreibung verpaßte.

„Wenn ihr Schiß habt vor der Freiheit, geht zurück in euern Stinkstall und laßt euch verwursten."

Der Dichter verläßt seine Stammkneipe

Wirt: Bevor du gehst, wollt' ich dir eins noch sagen: deine letzten Worte waren Super. Die lappten voll ins Philosophische.

Dichter: Dein Bier war heute auch ganz große Klasse.

„Ich frage Sie, meine Herren, sehen Sie die Situation unserer Firma ähnlich düster, wie Kollege Jobst es gerade demonstriert?

„Weißt du, warum der Wind immer von da kommt? — Weil Adler nie rückwärts fliegen."

„Wie soll ich das verstehen?"

„Kommt her zu mir alle, die ihr mühselig und beladen seid, ich will euch erquicken."

Noch
nie
in
seinem
ganzen
Leben
hat
sich
der
Hirsch
so
übergeben
wie gestern bei seinen Schwestern

Ruhe
Käsekuchen Käsekuchen Käsekuchen Käsekuchen
Pinki, hierher
F.K.Waechter

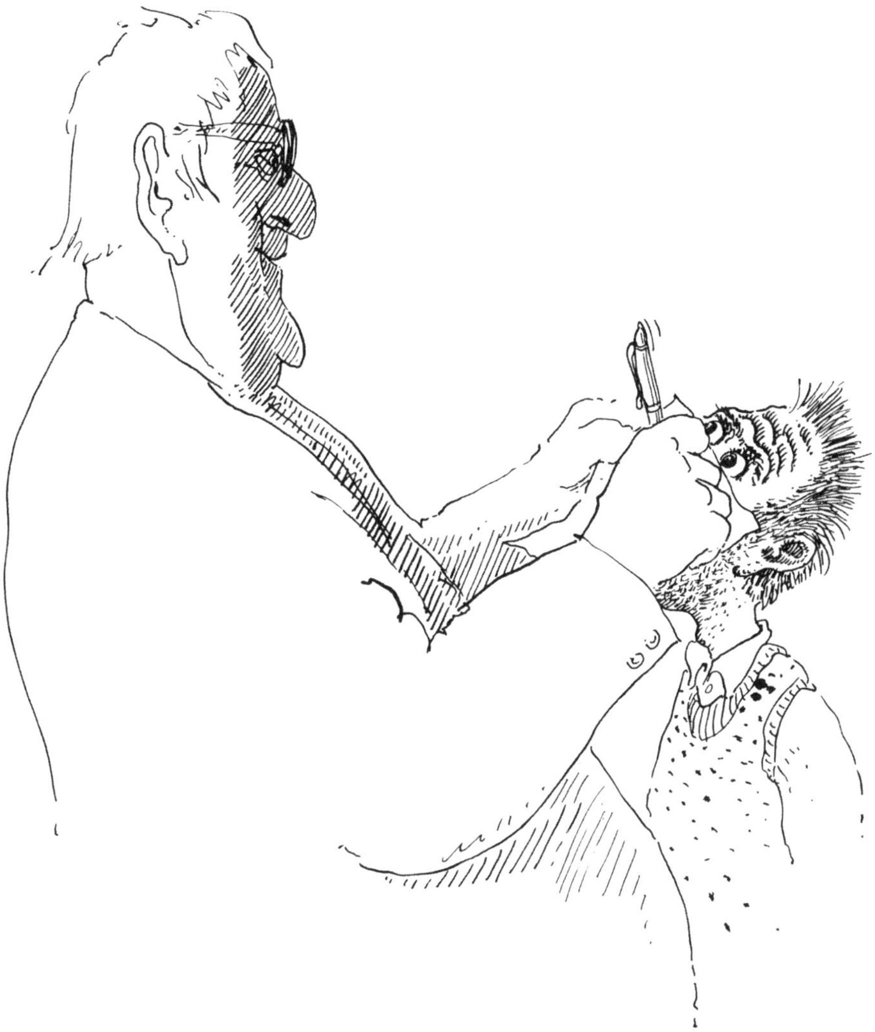

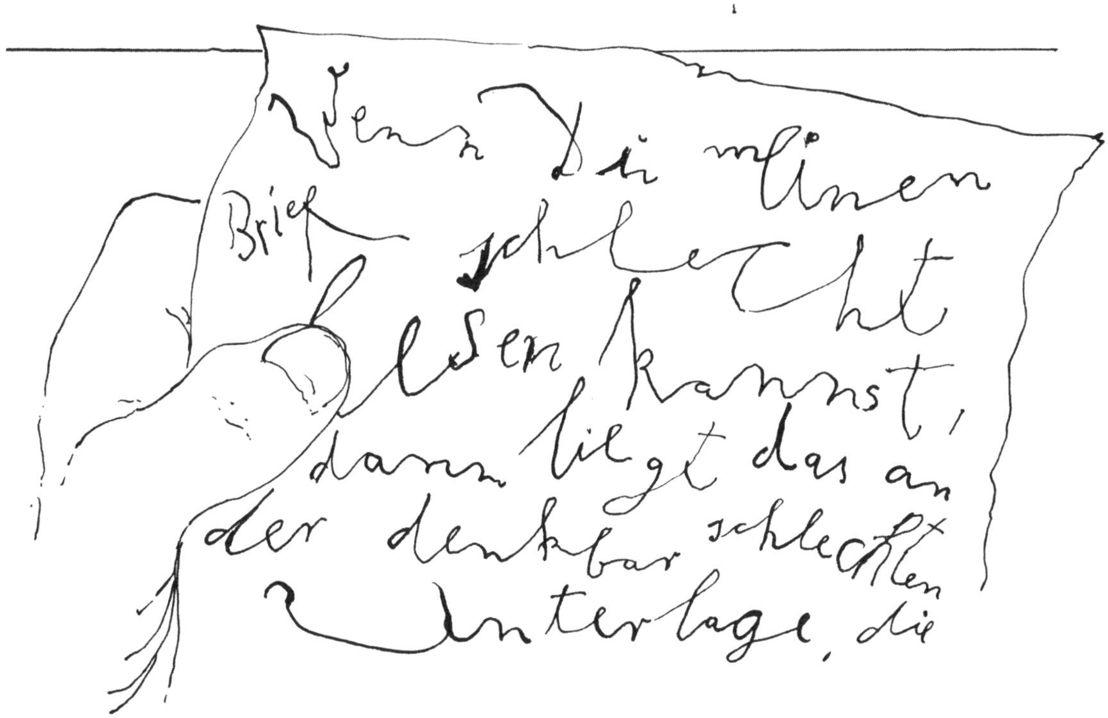
Wenn Du meinen
Brief schlecht
lesen kannst,
dann liegt das an
der denkbar schlechtesten
Unterlage, die

Der Page Herbert
Guten Tag, mein König
Frohsinn sehe ich dort wenig
Das kann so nicht weitergehen, drum will ein lustig Ding ich drehen
So wahr ich Page Herbert bin, will ich ändern deinen Sinn.
Mit diesen beiden Sachen bring ich dich zum Lachen.
Also, paß auf

Dieser kleine Kauz
fliegt dir in die Schnauz
und das heiße Schmalz zischt dir an den Hals
hinterdrein der Topf - trifft genau den Kopf
und zuletzt der Page rein in die Visage!
Für mein bescheid'nes Spiel begehre ich nicht viel - dein halbes Reich, dein Töchterlein - behalt sie. Nur ein Gläschen Wein würd' ich jetzt gerne haben, um mich daran zu laben.
Raus

Elfmeter

Petzig hat einen Elfmeter versiebt – das heißt: der Schuß war sehr plaziert – vielleicht nicht scharf genug – auf jeden Fall hatte Schnickschnack ihn zur Ecke abgelenkt.

Ist das so ein großes Malheur? Je nun – Petzig ist verzweifelt. Petzig trommelt vor lauter Unglück den Rasen. Petzig will seine Fußballstiefel an den Nagel hängen.

Wenn Schnickschnack ihm nicht gut zugeredet hätte – wer weiß, wer weiß, wie es weitergegangen wäre mit Petzigs Fußballkarriere?

Wo geht es hier nach
Grad'aus und dann links
Sie wissen doch noch gar nicht, wo ich hin will
Na, wo woll'n Sie denn hin?
nach Beutzen
Na also..
Wenn einer so einen Hut hat
und so eine Nase
und solche Ohren
und so'n Hintern
ist doch klar, wo der hinwill: nach Beutzen
Sie unverschämter Patron!

„Bei siebenunddreißigzwo schreib' ich dir keinen Entschuldigungszettel"

Der König möcht kegeln
So, Euer König möcht kegeln
Schon wieder
Scheiß-kegeln
Hoffentlich trifft er nicht
Alles klar?
Ja
Was'n Glück-Vorbei
Trotzdem fallen lassen
Hurra
Rumpel dipumpel
Alle Neune
Radautz
Kegeln ist eine Kunst, auf die sich nur wenige verstehen
Unser König lebe hoch
Hurra

„Denk immer daran, daß ich dich unter Schmerzen geboren habe."

Gold oder Leben-ä
ä-Geld oder Streben
?
ä-Geld regiert die Welt-ä-! Welt oder Beben
Weltbeben? ach was Erd beben!-ä-
Geld und Leben! -ä-
?
Kelt oder Löben
Was?
O, ich Versager! Geld oder Reben, Gelder aus Theben, Geld abheben, Päckchen nach drüben, hüben und...
?

Bitte, verlassen Sie das Badezimmer so wie Sie es vorzufinden wünschen
klopf klopf

An einem Abend im August

flog Adelheid – aus Liebeslust?

ins violette Licht empor

und verließ Hans-Theodor.

Ich glaub mein Kopf schrumpft
Gestern, mein ich, war er noch so
Ich bin ganz verzweifelt, kannst du mir helfen ?
Solche Probleme meistere ich mit einem Finger!
ehrlich ?
Ja!
angeschmiert!
Mensch, hast du mir einen Schreck eingejagt!

Der Abenteurer

„Klaus-Dieter, Klaus Dieter, du bist ein blöder Schieter"

„Gertrude, Gertrude, verlasse meine Bude!"

Jetzt bin ich das Knöpfen aber leid

Hallo Manfred, Was hast Du denn da am Kopf?
Ich hab nix am Kopf
Doch, da
Aua
Was soll ich denn da haben?
Eine Beule
O, tatsächlich! Ich dachte schon, du wolltest mich zum besten halten

Jetzt mach dich Schwer
ja

Siehst du, es geht doch. Mach dich leicht
Vielleicht kannst du auch mal was machen

„Hab ich ihn endlich, den Gesellen, der seit Wochen mein liebes Weib im Finstern belästigt. Schämen sie sich, Herr Wohlgemut."

„Auf geht's! einem ungewissen Schicksal entgegen, gutes altes Salzfass."

Ich liebe dich.
Ich wisch dich ab.
Ich ermorde dich
Ich wisch dich ab.
Ich beweine dich.
Ich wisch dich ab.
Vielleicht kannst du auch mal was machen?

„Dort sitzt die Katze, die so eine subtile Art hat, mich fertig zu machen."

Sei doch nicht immer gleich so aufbrausend
Wie?
Ach, ich sagte nur: Du sollst nicht immer gleich so aufbrausend sein
So was?
So aufbrausend
Ich?
So aufbrausend?
Unverschämtheit

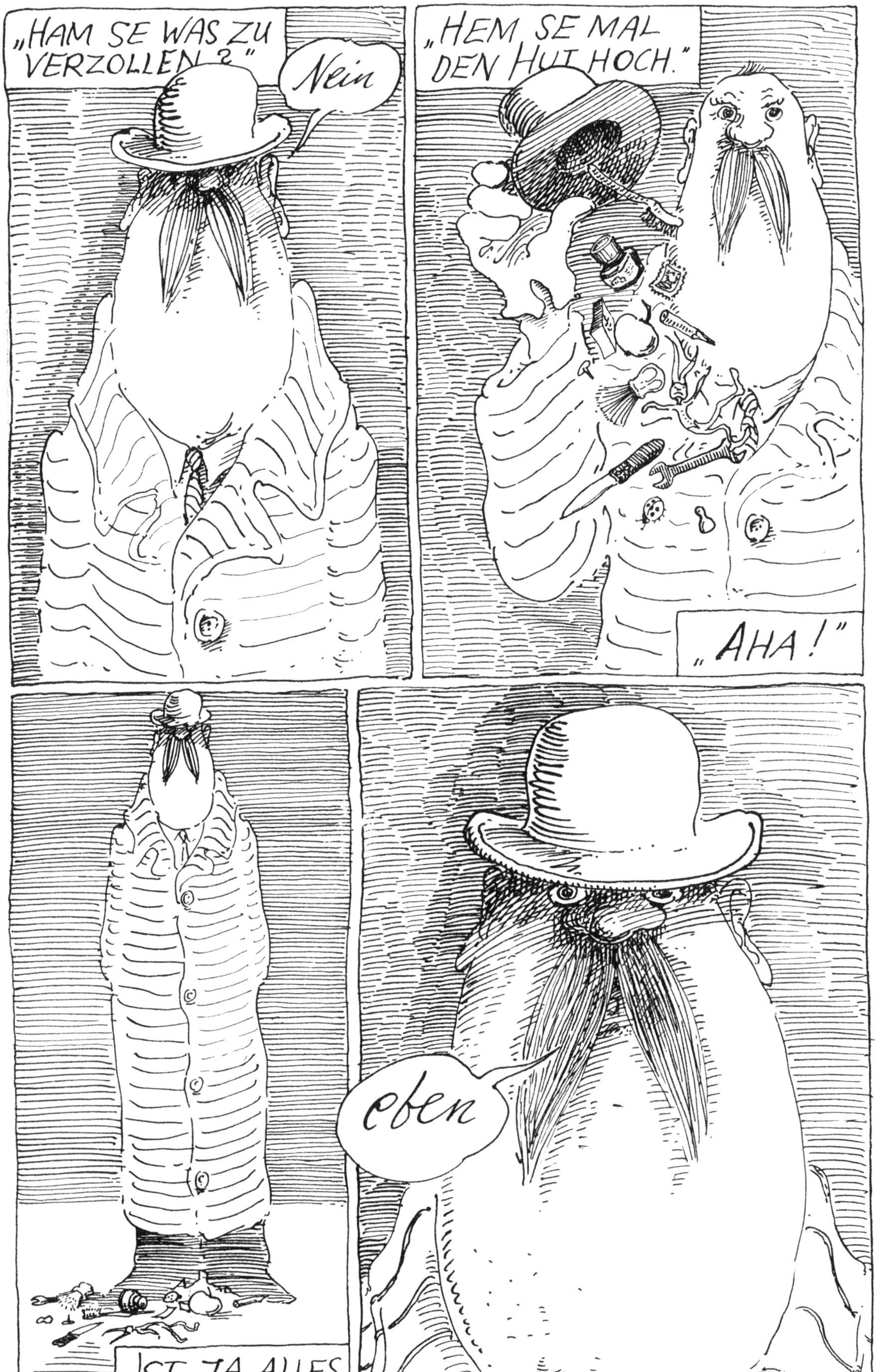
„HAM SE WAS ZU VERZOLLEN ?"
Nein
„HEM SE MAL DEN HUT HOCH."
„AHA !"
„IST JA ALLES ZOLLFREI"
eben

Dicht vorbei ist auch daneben
Wem sagen Sie das

Ein Hundeleben

TISCHGESPRÄCH
Männer sind besser als Frauen
Ausgerechnet du mußt das sagen
Männer sind stärker im Geist und am Körper
Quatsch nicht so dumm. Wenn Frauen in der Regierung säßen, sähe manches anders aus
Besser! Frauen haben viel mehr Gefühl für..
Schlechter
Was heißt hier eben?
eben
Nicht aufs Gefühl, hierauf kommts an
So – Madame Curie war also dumm?
Stockdumm
Lümmel!
PENG
Wenns woanders nicht reicht kommt man mit Gewalt. Sowas will in die Politik! Von der Sorte haben wir allmählich genug, würde ich sagen
Huhuhuhu
Au wei, jetzt noch Geheule. Auf uns Männer kommt schon was zu
Schluchz
Mutter, die Suppe war heut richtig prima

Merk' dir eins, mein Sohn: es steht nicht alles schief, nur weil du mal schief stehst

„Da geht heut schön was rein, wie?"

„Welch ein erhabener Anblick: Der König der Eichhörnchen wechselt den Baum."

Achim
Den späteren Nachmittag
verbrachte Achim damit, sich eine
O, Achim, komm!
Vorlage zu zeichnen.
Da schaute Mutter herein.
Hastig kritzelte Achim
O komm!
alles wieder zu.
Er war sehr ärgerlich

„Und vergiß den Kopfstand nicht,
wenn's aufhört zu schneien."

Die Wiese war über und über mit Blumen bewachsen

Freundschaft
zwischen Mensch
und Tier

...Sie sagte, daß sie sich gern von mir besteigen lassen würde. Ich antwortete, sie könne mir den Buckel runterrutschen.

Später irrte ich durch die Hafenanlagen und wünschte mich zum Teufel. „Sophia Loren kriegst du nie wieder," schrie ich wohl tausend mal in die Nacht.

Eine Rose

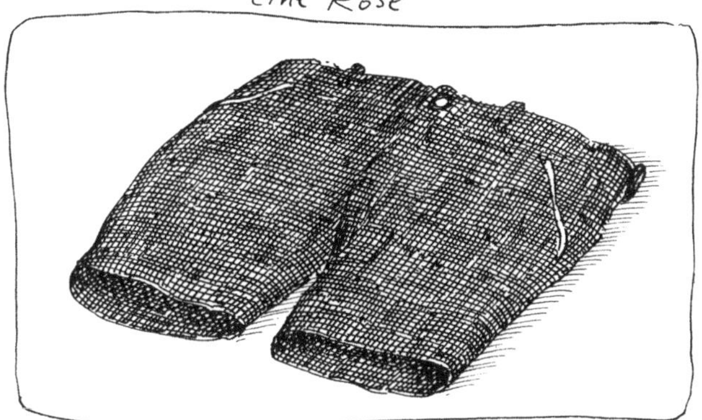

ist eine Rose

ist eine Rose

SOMMERWIND

10.
11.
12.
13.
14.
15.
16.
17
18.
Waechter

Was ist los mit mir?
Ich bin so grenzenlos leer..
..weil niemand was verlangt von mir
Was soll ich machen?
Komm her, du arme arbeits-fixierte Bohnenstange, laß dich ans Herz drücken
Ist gut gemeint, Ratte, aber jetzt nicht. Mir gehts nicht so doll
Ach, Scheiße-Mir gehts nicht so doll - Weshalb war ich wohl gekommen?
Aber diese blöde lackierte Schlampe..
Jiiii Ratten!
wenn ich ihm die auf die Bude jag...
ist alles in Butter
Beruhigen Sie sich. Jetzt ist alles gut
O Gott, entschuldigen Sie

Ein weiteres Abenteuer mit: Alfred der Holzente
Bist nichts, hast nichts und faulenzt auch noch in den Tag hinein
Was soll aus dem Bengel noch werden?
Sei nicht traurig, Alfred. Er hat sein ganzes Leben über geschuftet..
...und kann es deshalb schwer ertragen, wenn jemand nicht schuftet und glücklich dabei ist
Wie können wir ihm helfen?
Ich weiß auch nicht
Doch! Mir ist was eingefallen
Ich glaub, er ist schon selbst drauf gekommen

Lebensfreude Okt. 77

„Da hätt' ich einen ganz seltenen Fusel und würde gern ein Gläschen mit Ihnen trinken, weil ich im Grunde so einsam bin wie Sie."

Er sieht zwar nicht gut aus, aber er küßt wie eine gesengte Sau

PAPA IST
DOOF

1a Adler-eier

1.
Was ist denn das hier für ein Sauhaufen?
2.
Na also!

„Vater, laß Oma rein!"

„He Bauer, dein Huhn hat Fieber."

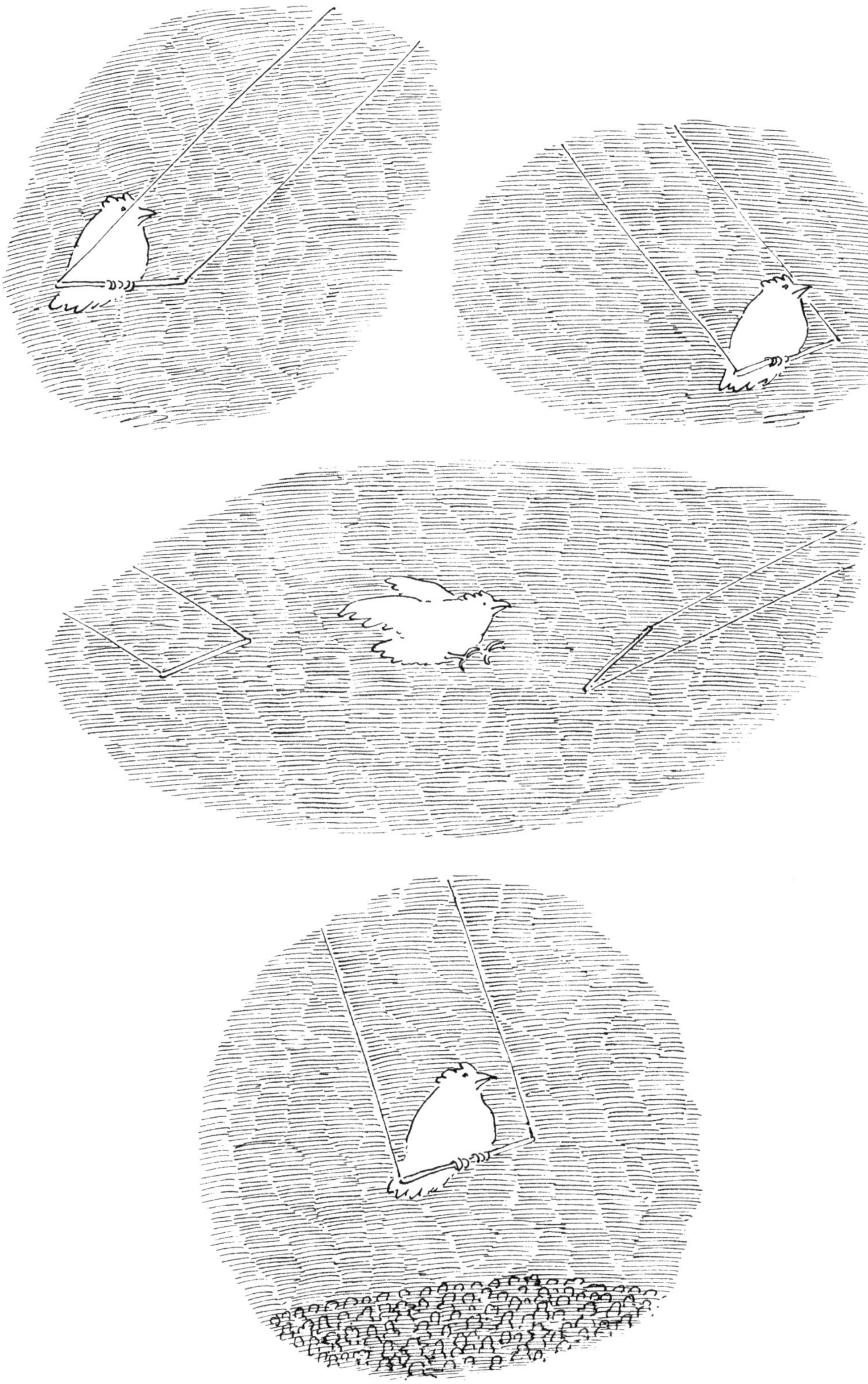

Mach dir nichts draus: Jch habe früher auch oft auf den Kopf bekommen
Sei doch wieder froh! Kopf hoch, Mädel!

Holger schämte sich schrecklich. Nicht so sehr, weil Hilde ihn zum 1. Mal nackt sah, sondern weil er gestern vor ihr geprahlt hatte, er habe 3 Eier.

AUS DEM LEBEN DSCHINGIS-KHANS
Gegen Abend fand man Dschingis-Khan häufig im Geröll in Betrachtung des Mondes.
Oft fiel ihm dann zu spät ein, daß es wieder einmal die Abendbrotzeit verdöst hatte.
Dschingis-Khan lief dann so schnell es konnte heim, weil es sehr gern zu Abend aß. Doch es war wie so oft:
alles alle
Zu spät

„ ' „ .. ich halte mich für meinen Sohn und mein Sohn hält mich für seine Mutter . . . "

Er wollte Seine Rechnung nicht bezahlen
Aber, Herr Pastor!

Ich bin der 1. Diener meines Staates
Dritter
Zweiter
Fünfter
Vierter

Zu spät
Lothar, ich liebe dich

...und dies ist mein Radiergummi, den ich bisweilen zärtlich Ratzefummel nenne

Laterne, Laterne, den Schutzmann hab'n wir gerne

EULENSCHINDER
EULENSCHINDER
EULENSCHINDER
EULENSCHINDER
EULENSCHINDER
EULENSCHINDER
EULENSCHINDER
EULENSCHINDER
EULENSC
EULEN
EULE
EU
EUL

Die 11 bekanntesten Stellungen bei der Selbstbefriedigung des Mannes

„Schau, es wird wieder gut, die Fischstäbchen springen."

Das haben Käfer gebaut, die konnten auf 2 Beinen gehen
Sag bloß

„Wie bitte? Sie suchen einen Mann mit einem energischen Kinn? Ist ja großartig!"

DIE OHRENBEICHTE

Bosco nagelt Fische ins Meer

15. September 77

Sie nennen es KÜSSEN.
Findest du es toll ?
Ja

„Sein Spiel ist bezaubernd."
„Wenn ihm nur sein Schwanz nicht ständig aus der Hose hinge."

„Ist es nicht schön, wenn zwei junge Menschen sich näherkommen?"

Summ Summ, Summ Surrr
Hab ich dich endlich, garstige Fliege
Aua
Nanu
Eine Fliege, die spricht?
Ich bins doch nur, Ihr Diener Harald
Spuk, Wahnsinn, Teufelswerk

„Da sind Sie entschieden falsch verbunden.
Hier ist nicht die Mordkommission – aber,
um Gottes Willen, ist was passiert?"

Seht ihr den Frosch dort sitzen?
er muß sich etwas stützen
und ist doch stark und schön.
So sind wohl manche Sachen,
die wir getrost belachen,
weil wir sie besser nicht versteh'n.

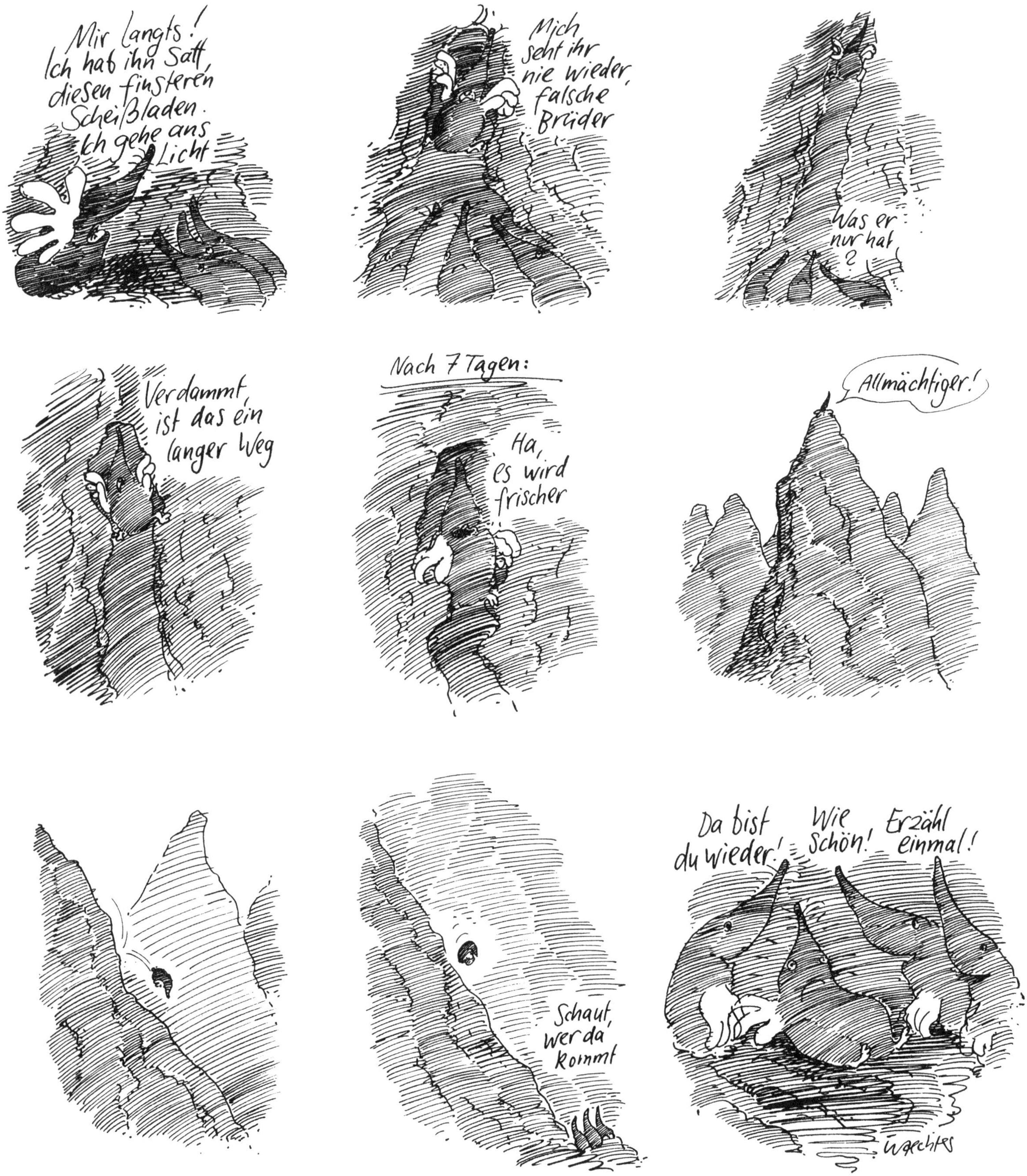

Mir langts! Ich hab ihn Satt, diesen finsteren Scheißladen. Ich gehe ans Licht
Mich seht ihr nie wieder, falsche Brüder
Was er nur hat?
Verdammt, ist das ein langer Weg
Nach 7 Tagen:
Ha, es wird frischer
Allmächtiger!
Schaut, wer da kommt
Da bist du wieder!
Wie schön!
Erzähl einmal!

Auf dem Zettel stand nichts anderes, als daß ein gewisser Lebrecht nachhause kommen sollte und zwar schleunigst.

„Wenn ich das zuhaus erzähl', glaubt's wieder kein Schwein."

Der Mann machte auf mich einen merkwürdigen Eindruck, ich wußte nicht, warum? Später fragte mich Jendritzky, ob ich denn nicht die vier Nasen in seinem Gesicht bemerkt hätte? Ich fiel aus allen Wolken, genau, das war es.

Jürgen Brambachs Abenteuer im Urgeler Grund.

„Was bist du für ein freches Kerlchen, Harras.
Die Herrschaften sind feine Leute, die haben Geld wie Heu,
die finden das bestimmt nicht so lustig.

„Also gut, ich habe eine Brustbehaarung wie Afrika. Zum totlachen, was?“

Otto Plumpsack und Tante Mili

Der kranke Hund

1.

Dir gehts gut, aber ich kann nicht schlafen, wenns hell ist

2.

Die Welt ist unvollkommen

„Was ich heute geträumt habe! O, Herr Graf! Sie und ich, wir beide ganz alleine!! im Grand Hotel! Walzer tanzend! die ganze Nacht!!!"

Schiprowskis Ausfahrt und Tod

Die Eule hatte zum Fest einen Norweger Pullover bekommen und war einer der schicksten Vögel im Walde.

Wer hat die schönsten Schäfchen ?

Ich

WER?

Na also
die hat der gold'ne Mond

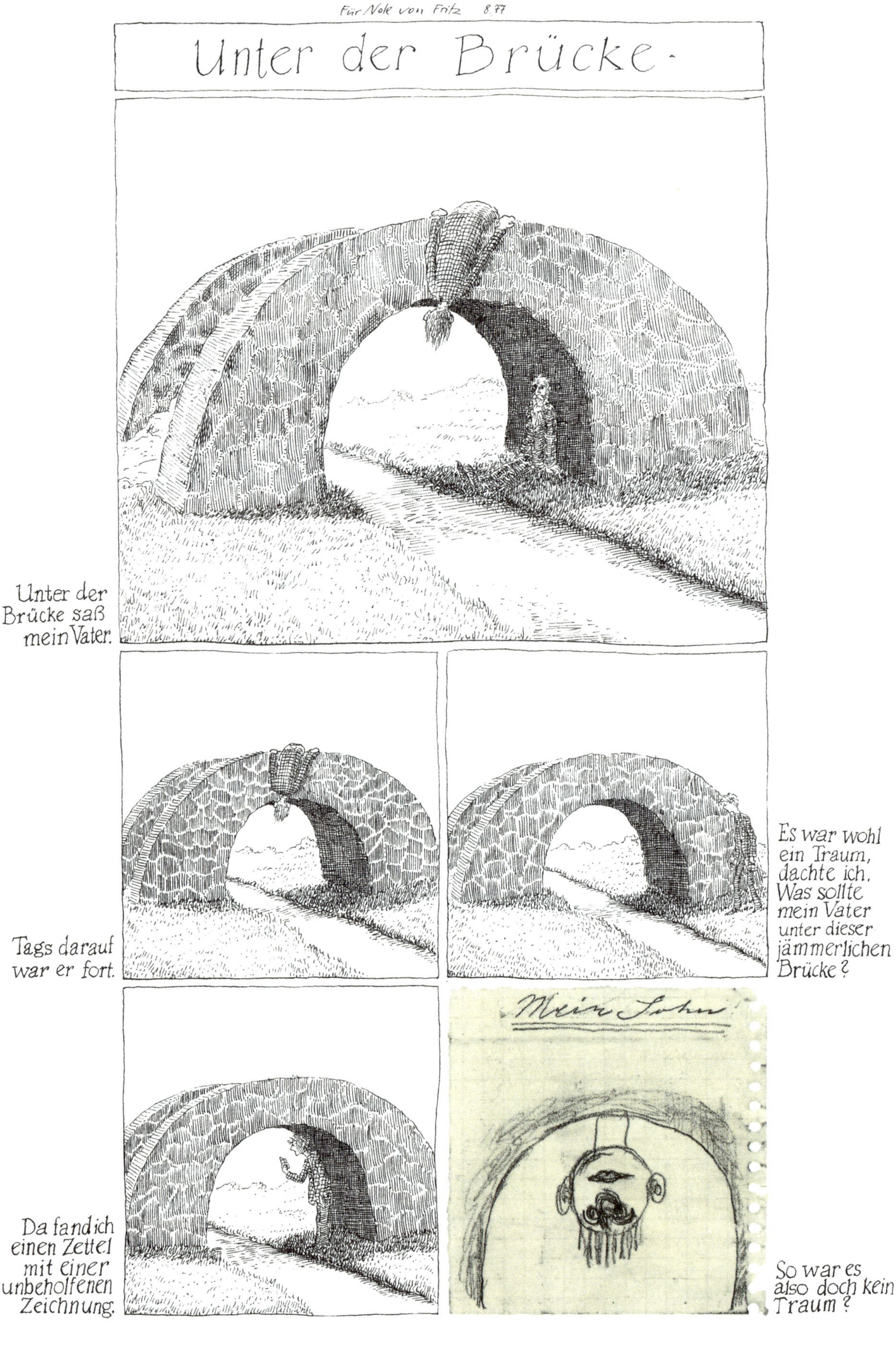
Für Nole von Fritz 8.77
Unter der Brücke·
Unter der Brücke saß mein Vater.
Tags darauf war er fort.
Es war wohl ein Traum, dachte ich. Was sollte mein Vater unter dieser jämmerlichen Brücke?
Da fand ich einen Zettel mit einer unbeholfenen Zeichnung.
Mein Sohn
So war es also doch kein Traum?

Land!
Wo?

64 Seiten

Die Geschichte eines kleinen Hundes, den Wölfe großziehen und dem sie das Jagen beibringen, bis er bei Olga, einem kleinen Mädchen, ein neues Zuhause findet.

Cartoon
368 Seiten

»Ich versuche das, was einem passiert, was einen aufregt, in Form zu gießen, Persönliches gegen diese blöden, uninteressanten Trends der Zeit zu setzen.«

80 Seiten

Eine Reise zum Mond und zurück – und gleichzeitig eine bezaubernde Liebesgeschichte. Das Geschenkbuch für Mondsüchtige, Schlafwandler und andere Verliebte.